Erich Ballinger

ICH HAB DEN DURCHBLICK

Illustrationen von Erich Ballinger

Lerngymnastik

Bewegungsübungen
für mehr Erfolg
in der Schule!

G&D

Wie? Auch du

hast Schwierigkeiten beim Lernen und Lesen und mühst dich durch die Schule? Es ist zwar kein Trost – doch so wie dir geht es vielen. Trost brauchst du auch gar nicht, du benötigst etwas Praktisches.

So wie dieses Buch. Die Lerngymnastik. Du wirst dich fragen: Was hat Gymnastik mit Lernen und Lesen zu tun? – Nun, wir haben in unserem Kopf zwei Gehirnhälften; jede hat eine andere Aufgabe. Lernen und Lesen funktionieren nur dann gut, wenn beide Gehirnhälften zusammenarbeiten. Und genau darauf zielen die Übungen aus diesem Buch. Du darfst freilich nicht erwarten, dass du nach ein bisschen Gymnastik zum Musterschüler wirst.
Das geht nicht von einem Tag auf den anderen. Erst nach einiger Zeit und bei regelmäßigem Üben werden sich Erfolge einstellen.

In diesem Buch gibt es zwei Arten von Übungen:
RUHEÜBUNGEN sind vor allem gut für deine Konzentration und helfen gegen Nervosität, Unsicherheit und Angst.

AKTIVITÄTSÜBUNGEN machen dich so richtig munter und helfen beim Lernen und Lesen. Turnen macht durstig. Trink zwischendurch ein Glas frisches, nicht zu kaltes Wasser! Gymnastik macht Spaß, und die Übungen sind leicht zu erlernen.

Und überhaupt, das traurige „Das kann ich nicht" ersetzt du von nun an durch das muntere „Das wäre doch gelacht, wenn ich das nicht schaffe!".

Wann? – Jetzt!

Liebe Eltern

Da Sie ein Buch aus der Reihe LERNGYM® gewählt haben, nehme ich an, dass Sie Ihrem Kind das Heranwachsen in dieser hektischen Welt erleichtern wollen. Mit dem vorliegenden Titel haben Sie zu einem bewährten Bestseller gegriffen, denn „Lerngymnastik 1“ hilft Ihrem Schützling, den Schultag wacher, freudiger und mit mehr Selbstvertrauen zu erleben.

Die linke Gehirnhälfte steuert die rechte Körperseite, sie denkt analytisch, zeitorientiert und verbal. Die rechte Gehirnhälfte denkt ganzheitlich, in Bildern, Symbolen und Farben. Um gut zu lernen, müssen beide „Gehirne“ eingeschaltet sein.

Auf der beigelegten CD finden Sie Musiknummern, die extra für dieses Buch komponiert wurden. Diese Musik ist der ideale Begleiter bei den Übungen und sorgt für Freude und Schwung.

Durch die Bewegungsübungen werden beide Gehirnhälften optimal durchblutet und mit zusätzlichem Sauerstoff versorgt. Die Überkreuzbewegungen selbst regen beide Gehirnhälften gleichzeitig an.

Nun, da Sie bereit sind, gemeinsam mit Ihrem Sohn oder Ihrer Tochter die Freude am Lernen neu zu entdecken, möchten wir Ihnen noch eine Bitte mit auf den Weg geben: Verzichten sie bei den Bewegungs-übungen auf Ehrgeiz, Druck und Leistungsdenken!

Viel Freude mit der Lerngymnastik!

Aufwecker *(Gehirnknöpfe)*

Müde? Lustlos? Abgekämpft?
Versuch mal das:

- Mit Daumen und Zeigefinger einer Hand massierst du die zwei Gehirnknöpfe. Du findest sie an den weichen Stellen unter den Schlüsselbeinen, knapp beim Brustbein.

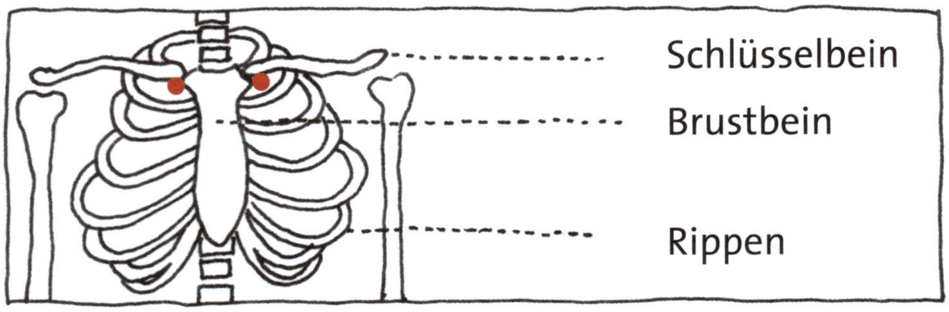

- Mit dem Zeige- und Mittelfinger der anderen Hand reibst du den Nabel mit kreisförmigen Bewegungen.

Für jene, die mehr wissen wollen:

Durch die Stimulierung der „Gehirnknöpfe" wird ein Zusammenschalten beider Gehirnhälften erreicht.

Beim Legastheniker hilft diese Übung
- bei der Zusammenziehung der Konsonanten
- gegen Verwechslungen und Umdrehungen von Buchstaben
- bei der Überschreitung der Mittellinie

Dauer der Übung: 1 Minute

- Deine Zunge legst du auf den Gaumen. Denk dabei an etwas Schönes.
- Nach 1 Minute bist du frisch und läufst ab wie ein Wecker.

Kreuztanzen *(Überkreuzbewegung)*

Ein Tänzchen gefällig?
Leg die CD ein und los geht's!

- Wie im Bild musst du mit einer Hand das gegenüberliegende Knie berühren. Dann wechselst du. Linke Hand – rechtes Knie – … rechte Hand – linkes Knie … linke Hand – rechtes Knie …
  Lass die Arme schwingen, locker bleiben, pass dich dem Rhythmus der Musik an … links … rechts … links

- Lass deine Augen kreisen.
  Nach oben, nach unten, nach links, nach rechts …

Für jene, die mehr wissen wollen:

Über-Kreuz-Bewegungen stimulieren beide Gehirnhälften gleichzeitig, erleichtern das Kreuzen der Mittellinie und ermöglichen somit besseres Lernen.

Zusätzlich fördert diese Übung
- binokulares Sehen (beidäugiges, plastisches Sehen)
- Raumbewusstsein (rechts/links Unterscheidung)
- Gehirn-Muskelkoordination

Dauer der Übung: mindestens 1 Minute

Nach der Übung setzt du dich bequem hin
und verschränkst die Finger.
Denk dabei daran, wie gut deine beiden
Gehirnhälften zusammenarbeiten!

Blitzableiter *(Erd- und Raumknöpfe)*

Wenn es in deinem Kopf zugeht wie bei einem Gewitter – wenn du angespannt und unruhig bist –, dann schaffst du Ruhe durch die Blitzableiterübung:

- Mit zwei Fingern rubbelst du die Stelle

oberhalb der Oberlippe und unterhalb der Unterlippe. Zeige- und Mittelfinger der anderen Hand legst du auf den Nabel und massierst ihn sanft. Nach drei tiefen Atemzügen wechselst du die Hände und atmest wieder dreimal durch.

Für jene, die mehr wissen wollen:

Die Erd- und Raumknöpfe sind wichtige Akupressurpunkte.

Die Massage dieser Punkte bewirkt:
- Entspannung des zentralen Nervensystems
- Steigerung der Konzentration
- Stimulierung zur Arbeit im Gehirnmittelfeld
- Minderung überaktiven Verhaltens

Dauer der Übung: etwa je 1 Minute

- Es macht Spaß, während des Rubbelns zu summen.

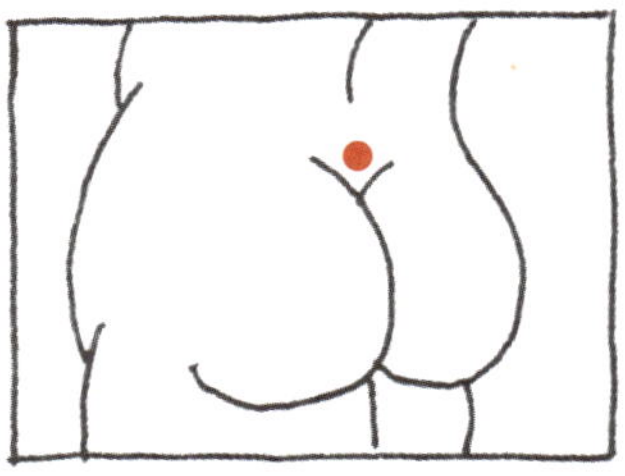

- Nun zum zweiten Teil der Übung:
  Eine Hand kommt wieder an den Nabel,
  mit der anderen reibst du sanft das Steißbein.

Drei tiefe Atemzüge – Hände wechseln – drei tiefe Atemzüge –, und schon hast du wieder schönes Wetter im Kopf.
Übrigens: Mach vor und nach dieser Übung den „Aufwecker“! Das erfrischt.

Ohrenspitzen *(Denkmütze)*

Wer will schon an den Ohren gezogen werden?
Doch wenn du selbst an deinen eigenen Ohren ziehst – zart und mit Gefühl natürlich –, kann das auch Vorteile haben.

- Mit Zeigefinger und Daumen ziehst du den Rand deiner Ohren nach außen, so als wolltest du sie ausfalten. Beginn am oberen Rand des Ohres und geh nach unten bis zum Ohrläppchen!

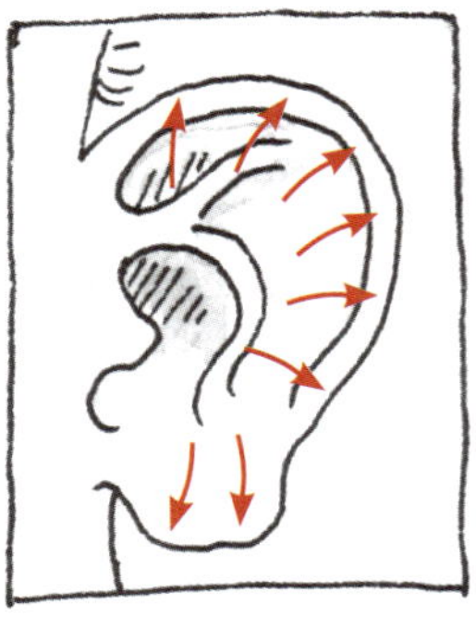

Für jene, die mehr wissen wollen:

Bei dieser Übung werden Akupunkturstellen berührt, die hauptsächlich den Wahrnehmungsbereich des Hörens und Hörverstehens stimulieren:

- Steigerung der Aufmerksamkeit
- Besseres Zuhören und Sprechen
- Aktivierung des Gedächtnisses
- Kreuzen der Mittellinie im Bereich des Hörens

Dauer der Übung: 15-mal

- Nach 15-mal Ohrenreiben wirst du besser und aufmerksamer zuhören können. Niemand wird dir sagen müssen: „Spitz deine Ohren!“

- „Große Ohren, großer Durst!“, sagt ein Sprichwort. Wie wäre es wieder einmal mit einem Glas Wasser?

Doch nicht so, du Clown!

5

Lichtschalter *(Stirnbeinhöcker – Positive Punkte)*

Angst haben wir alle:
vor Prüfungen, vor Strafen, vor dem Versagen …
Angst lähmt unser Denken und
erzeugt Finsternis in unserem Kopf –
Kurzschluss, Stromausfall.
Dreh deinen Lichtschalter an,
und schon wird es wieder hell!

- Deine Lichtschalter findest du auf der Stirn zwischen Augenbrauen und Haaransatz. (Die Stirn hat hier kleine Höcker.)
- Berühre mit den Fingerkuppen sanft diese Punkte! Schließ dabei die Augen und entspanne dich! Denk an ein Erlebnis, mit dem du nicht fertig geworden bist.

Für jene, die mehr wissen wollen:

Die Berührung der Stirnbeinhöcker hilft, eine positive Einstellung zu unbewältigten und unangenehmen Erlebnissen zu finden.

Die Übung
- baut Stress und Spannung ab
- löst Gedächtnisblockaden („Ich hab's auf der Zunge")
- aktiviert das Gedächtnis
- hilft wertfrei beurteilen

Dauer der Übung: Nach Belieben, mindestens 1 Minute

- Du kannst dir die Lichtschalter auch von jemand anderem berühren lassen. So kannst du leichter entspannen.

- Eine ähnliche Wirkung erzielst du auch, wenn du den Nagel des Ringfingers auf die Daumenkuppe legst. Das fällt nicht auf und kann auch während einer Prüfung gemacht werden.

Energiesitzen *(Cook-Übung)*

Wenn es mit der Konzentration nicht klappt,
wenn du müde oder nervös bist,
dann versuch es einmal mit einer Energiesitzung!

- Setz dich hin wie auf Bild 1.
  Ob du das rechte über das linke Bein legst oder umgekehrt, musst du selbst herausfinden. Sitz, wie es für dich bequem ist!
  Schließ die Augen, atme tief durch die Nase ein und lege dabei die Zunge auf den Gaumen.
  Atme durch den Mund aus und lass dabei die Zunge lose im Mund!

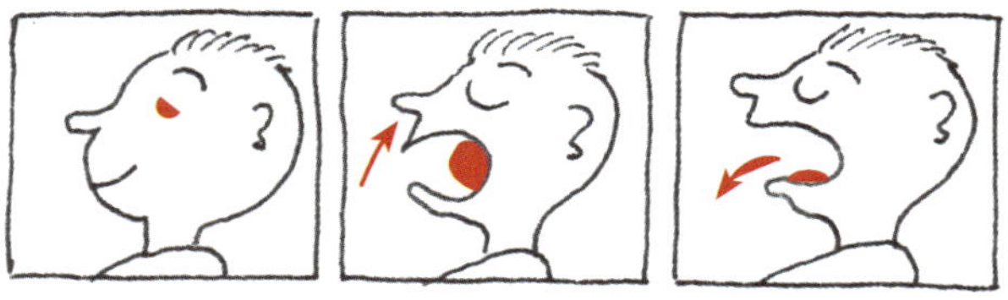

Für jene, die mehr wissen wollen:

Energiesitzen ist zugleich Entspannungs- und Stimulationsübung.

Besonders gefördert werden dadurch
- emotionale Zentriertheit (Abbau von Übersensibilität)
- Aufmerksamkeit
- Gleichgewicht und Koordination
- Selbstwertgefühl
- Atmung

Dauer der Übung: 1 Minute pro Stellung

- Nach etwa einer Minute setzt du dich so wie auf Bild 2. Fingerspitzen aneinander halten – tief atmen – eine Minute lang.

- Na, wie fühlst du dich? – Du könntest Bäume ausreißen? Gut für dich – aber bitte lass die Bäume stehen!

Bild 1 Bild 2

7

Elefantenwiege (Elefantenübung)

Stell dir vor, du bist ein Elefant.
Einer mit großen Ohren, einem langen Rüssel und starken Beinen, die fest am Boden stehen.

- Elefanten wiegen oft ihren Körper langsam hin und her.
  Mach es ihnen nach:
  Leg dein Ohr an die Schulter.
  Dein ausgestreckter Arm ist der Rüssel,
  der fest mit dem Kopf verwachsen ist.

- Schwing nur Oberkörper, Kopf und Arme ruhig und locker durch die Luft – so, dass eine große liegende Acht entsteht!

- Beginne mit der Acht am Schnittpunkt mit einer Aufwärtsbewegung.
  Die Augen schauen auf die Finger und über die Finger in die Ferne.

Für jene, die mehr wissen wollen:

Zwischen Tonwahrnehmungen und den Nackenmuskeln besteht ein wissenschaftlich erwiesener Zusammenhang.

Durch das Elefantenwiegen wird
- die Nackenmuskulatur entspannt
- Hörverstehen gefördert
- das Gleichgewichtsgefühl verbessert
- verborgenes Sprechvermögen freigelegt und
- stressfreies Sprechen ermöglicht

Dauer der Übung: 10-mal zu jeder Seite

- Mach diese Übung auch mit dem anderen Arm!
- Elefanten haben großen Durst.
  Trink nach der Elefantenwiege ein Glas Wasser!

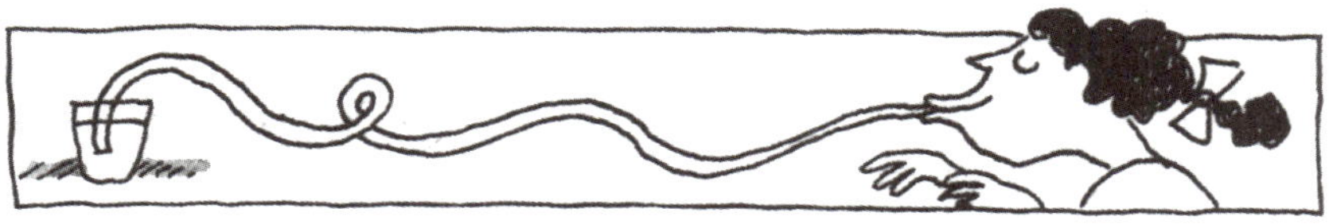

8

Liegende Acht (Achterschleifen)

Wenn du beim Lesen und Schreiben immer die Buchstaben verwechselst, so gibt es dagegen ein einfaches Mittel:

- Streck den Arm deiner Schreibhand aus und schwinge große liegende Achten in die Luft! Beginne am Schnittpunkt und führe deinen Arm nach oben weiter!

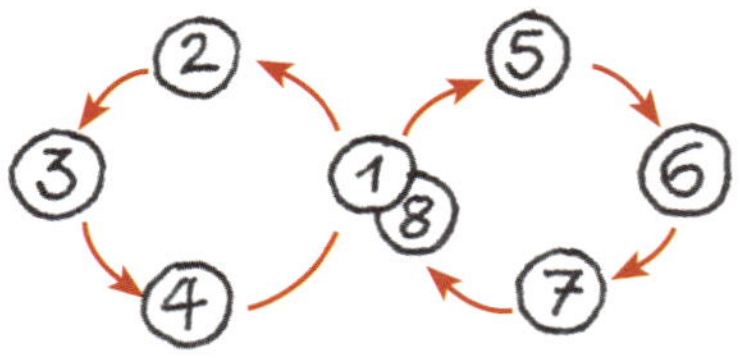

- Jetzt mit dem anderen Arm, dann mit beiden Armen.
- Lass sie weit ausschwingen – groß sollen deine Achten werden.
- Der Kreuzungspunkt deiner Acht soll vor dir, zwischen den Augen liegen!

Für jene, die mehr wissen wollen:

Die liegende Acht ermöglicht eine leichte, übergangslose Überkreuzung der Mittellinie.

Diese Übung
- behebt Verwechslungen von Buchstaben beim lese- rechschreibschwachen Kind
- fördert die Unterscheidungs- und Merkfähigkeit von Symbolen
- erleichtert das Entschlüsseln der geschriebenen Sprache
- verbessert Balance, Koordination und Zentrierung
- unterstützt stressfreies Schreiben

Dauer der Übung: 3-5 Minuten

- Folge mit den Augen der Bahn deiner Fingerspitzen!

- Du kannst deinen Achten auch ein Wiegenlied singen, damit sie besser schlafen können:

Drei, vier, fünf, sechs, sieben, acht –
sie ist noch nicht aufgewacht.
Meine Acht schläft gern im Liegen,
drum ist sie gleich im Bett geblieben.

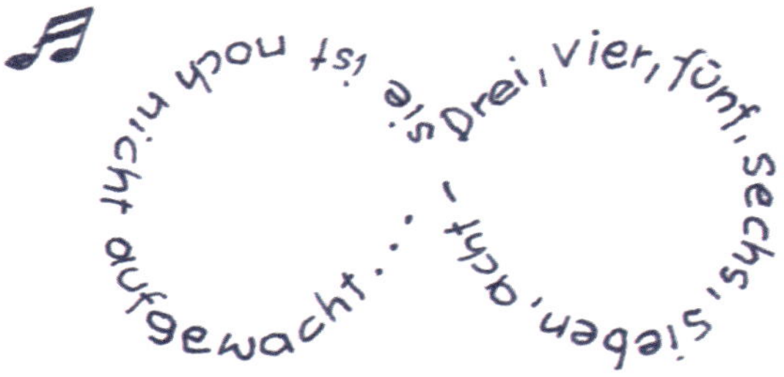

- Zeichne deine liegende Acht auch an die Tafel und auf Packpapier!

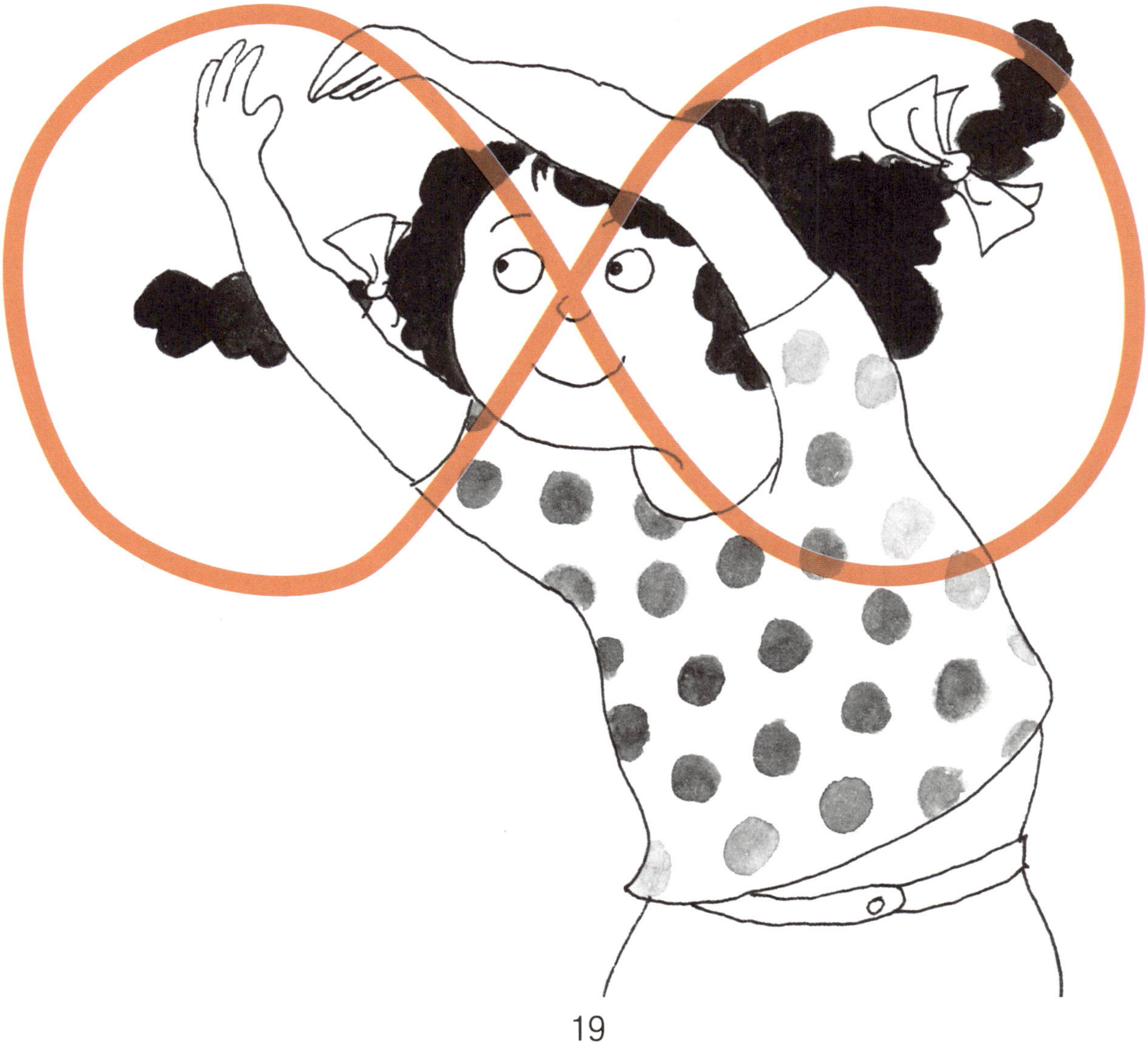

9

Pendelschwung *(Schwerkraftleiter)*

Sitzen, sitzen, sitzen: in der Schule, bei den Aufgaben, beim Lernen. – Es wird wieder einmal Zeit, dein Sitzfleisch zu lockern.
Das machst du mit dem Pendelschwung:

- Überkreuze deine Beine wie auf dem Bild!
- Lass Oberkörper und Arme locker hinunterhängen!
- Schwing weit nach links und rechts wie das Pendel einer Kuckucksuhr!
- Mach die Übung, solange es dir Spaß macht, vergiss aber nicht, zwischendurch die Beine andersrum zu überkreuzen!

- Versuch es einmal! Du wirst sehen, danach geht das Sitzen wieder leichter, und du fühlst dich beschwingt wie ein Kuckuck.

Für jene, die mehr wissen wollen:

Der Pendelschwung lockert nicht nur die durch langes Sitzen verkrampfte Muskulatur, sondern aktiviert auch

- Gleichgewicht und Koordination
- abstraktes Denken (Mathematik)
- visuelle Aufmerksamkeit
- Selbstwertgefühl

Dauer der Übung: solange es Spaß macht

10

Beidhandzeichnung *(Simultanzeichnen)*

Mit beiden Händen gleichzeitig zeichnen – gar nicht schwer!

- Versuch es zunächst ohne Schreibgerät in der Luft! –
  Wie ein Dirigent ohne Taktstock.
  Hör dir die Musik an und dirigier dazu!
  Von adagio bis prestissimo – von piano bis prestissimo.

- Befestige einen Bogen Packpapier an der Wand.
  Nimm zwei verschiedene Farben
  (Kreide, Filzstifte, Farbstifte).
  Setz beide Stifte in der Mitte des Blattes an – und zeichne dieselbe Figur oder Form spiegelbildlich mit beiden Händen –, und los geht's!
  Nur nicht so zaghaft!

Für jene, die mehr wissen wollen:

Bei diesen Zeichnungen kommt es nicht auf das Endprodukt an, wichtig ist die Tätigkeit selbst.

Beidhandzeichnen
- aktiviert die Augen-Hand-Koordination
- erleichtert das Kreuzen der Mittellinie
- entwickelt das Raumbewusstsein (besonders links/rechts)
- erweitert das periphere Sehen

- Geh mit der Zeit auf kleinere Formate über!
Befestige das Blatt auf einem Zeichenbrett!

11

Kreuztanzschule

Fans – hier ist sie! Die erste Kreuztanzschule mit den neuesten Hits. Wenn immer du müde, nervös, geschafft oder unkonzentriert bist, hilft ein Tänzchen.

Einen kennst du schon, versuch auch die anderen!
Du kannst auch eigene Tänze erfinden.
Wichtig dabei ist, dass die Bewegung „übers Kreuz“ geht.
Streckst du den linken Arm, wird gleichzeitig das rechte Bein gestreckt – schlenkerst du das linke Bein, schwingt der rechte Arm …
Worauf wartest du noch? Schwing das Tanzbein!
Einen Kreuztanz in Ehren wird dir niemand verwehren!

Wechselschrittwalzer

Bajazzohop

Streckbeinpolka

Rüsselrumba

Ich hab den Durchblick
Für Mathematik lieferbar:

Ich hab den Durchblick
Vorbereitung aufs Rechnen
ISBN 978-3-7074-1156-0

Ich hab den Durchblick 1
Rechnen
ISBN 978-3-7074-1157-7

Ich hab den Durchblick 2
Rechnen
ISBN 978-3-7074-1158-4

Ich hab den Durchblick 2
Das Einmaleins üben
ISBN 978-3-7074-1193-5

Ich hab den Durchblick 2
Textrechnungen
ISBN 978-3-7074-1248-2

Ich hab den Durchblick 2
Uhr und Zeit
ISBN 978-3-7074-1249-9

Ich hab den Durchblick 3
Rechnen
ISBN 978-3-7074-1159-1

Ich hab den Durchblick 4
Rechnen
ISBN 978-3-7074-1160-7

Ich hab den Durchblick
Für Deutsch lieferbar:

Ich hab den Durchblick
Vorbereitung aufs Schreiben
ISBN 978-3-7074-1151-5

Ich hab den Durchblick
Vorbereitung aufs Lesen
ISBN 978-3-7074-1161-4

Ich hab den Durchblick 1
Rechtschreiben
ISBN 978-3-7074-1152-2

Ich hab den Durchblick 1
Buchstaben üben
ISBN 978-3-7074-1192-8

Ich hab den Durchblick 2
Rechtschreiben
ISBN 978-3-7074-1153-9

Ich hab den Durchblick 2
Bildgeschichten schreiben
ISBN 978-3-7074-0992-5

Ich hab den Durchblick 2
Noch mehr Bildgeschichten
ISBN 978-3-7074-0993-2

Ich hab den Durchblick 2
Wortschatz erweitern
ISBN 978-3-7074-1290-1

Ich hab den Durchblick 3
Rechtschreiben
ISBN 978-3-7074-1154-6

Ich hab den Durchblick 3
Textmeister
ISBN 978-3-7074-0522-4

Ich hab den Durchblick 4
Rechtschreiben
ISBN 978-3-7074-1155-3

Die Reihe wird fortgesetzt!

Dieses Buch entstand mit Unterstützung des Instituts für Angewandte Kinesiologie Freiburg auf der Grundlage der Erfahrungen und Untersuchungen von Dr. Paul E. Dennison.
Dieser amerikanische Pädagoge begründete in den letzten zwanzig Jahren einen völlig neuen Weg des Lernens, der über das Bewegungssystem des Menschen führt und den er unter den Bezeichnungen Brain-Gym® und Edu-Kinestetik systematisierte.
Das Freiburger Institut hat diese Methode in den deutschsprachigen Raum eingeführt und veranstaltet seit Jahren regelmäßig Schulungen in diesem Bereich.
Nähere Informationen direkt von:

Institut für Angewandte Kinesiologie Freiburg
D-79199 Kirchzarten, Eschbachstraße 5
Telefon 07661/9871-0
Fax 07661/987149
www.iak-freiburg.de

www.ggverlag.at

ISBN 978-3-7074-0514-9

In der aktuell gültigen Rechtschreibung

16. Auflage 2011

Illustrationen: Erich Ballinger

Tiger auf Titelblatt und Urkunde: Elena Obermüller

Printed by Brüder Glöckler, Wöllersdorf

Aus Umweltschutzgründen wurde dieses Buch auf chlorfrei gebleichtem Papier gedruckt.